Pierre Kropotkine

L'Anarchie dans l'évolution socialiste

conférence

ISBN : 978-1522742586

10 9 8 7 6 5 4 3 2 1

Pierre Kropotkine

L'Anarchie dans l'évolution socialiste

conférence

Table de Matières

Partie I

Citoyennes et citoyens,

Vous vous êtes certainement demandé, maintes fois, quelle est la raison d'être de l'Anarchie ? Pourquoi, parmi tant d'autres écoles socialistes, venir fonder encore une école de plus, l'école anarchiste ? C'est à cette question que je vais répondre. Et, pour mieux y répondre, permettez-moi de me transporter à la fin du siècle passé.

Vous savez tous ce qui caractérisa cette époque. L'épanouissement de la pensée. Le développement prodigieux des sciences naturelles ; la critique impitoyable des préjugés reçus ; les premiers essais d'une explication de la nature sur des bases vraiment scientifiques, d'observations, d'expérience, de raisonnement.

D'autre part, la critique des institutions politiques léguées à l'humanité par les siècles précédents ; la marche vers cet idéal de Liberté, d'Égalité et de Fraternité qui, de tout temps, fut l'idéal des masses populaires.

Entravé dans son libre développement par le despotisme, par l'égoïsme étroit des classes privilégiées, ce mouvement, appuyé et favorisé en même temps par l'explosion des colères populaires, engendra la grande Révolution qui eut à se frayer un chemin au milieu de mille difficultés intérieures et extérieures.

La Révolution fut vaincue ; mais ses idées restèrent. Persécutées, conspuées d'abord, elles sont devenues le mot d'ordre de tout un siècle d'évolution lente. Toute l'histoire du xixᵉ siècle se résume dans l'effort de mettre en pratique les principes élaborés à la fin du siècle passé. C'est le sort de toutes les révolutions. Quoique vaincues, elles donnent le mot de l'évolution qui les suit.

Dans l'ordre politique, ces idées sont l'abolition des privilèges de l'aristocratie, la suppression du gouvernement personnel, l'égalité devant la loi. Dans l'ordre économique, la

Pierre Kropotkine

Révolution proclame la liberté des transactions. « Tous, tant que vous êtes sur le territoire — dit-elle — achetez et vendez librement. Vendez vos produits — si vous pouvez produire ; et si vous n'avez pas pour cela l'outillage nécessaire, si vous n'avez que vos bras à vendre, vendez-les, vendez votre travail au plus donnant : l'État ne s'en mêlera pas ! Luttez entre vous, entrepreneurs ! Point de faveurs pour personne. La sélection naturelle se chargera de tuer ceux qui ne seront pas à la hauteur des progrès de l'industrie, et de favoriser ceux qui prendront les devants. »

Voilà, du moins, *la théorie* de la révolution du tiers-État. Et si l'État intervient dans la lutte pour favoriser les uns au détriment des autres — on l'a vu assez, ces jours-ci, lorsqu'on a discuté les monopoles des compagnies minières et des chemins de fer, — ce sera considéré par l'école libérale comme une déviation regrettable aux grands principes de la Révolution, un abus à réparer.

Le résultat ? — Vous ne le connaissez malheureusement que trop, citoyennes et citoyens réunis dans cette salle. L'opulence oisive pour quelques-uns, l'incertitude du lendemain, la misère pour le plus grand nombre. Les crises, les guerres pour la domination sur les marchés ; les dépenses folles des États pour procurer des débouchés aux entrepreneurs d'industrie.

C'est que, en proclamant la liberté des transactions, un point essentiel fut négligé par nos pères. Non pas qu'ils ne l'eussent entrevu ; les meilleurs l'ont appelé de leurs vœux, mais ils n'osèrent pas le réaliser. C'est que, en proclamant la liberté des transactions, c'est-à-dire la lutte entre les membres de la société, la société n'a pas mis en présence des éléments de force égale, et les forts, armés pour la lutte de l'héritage paternel, l'ont emporté sur les faibles. Les millions de pauvres, mis en présence de quelques riches, devaient fatalement succomber.

Citoyennes et citoyens ! Vous êtes-vous posé cette question : D'où vient la fortune des riches ? — Est-ce de leur travail ? Ce serait une bien mauvaise plaisanterie que de le dire. Mettons que M. de Rothschild ait travaillé toute sa vie. Mais, vous aussi, chacun des travailleurs dans cette salle, a aussi travaillé. Pourquoi donc la fortune de Rothschild se chiffre-t-elle par des centaines de millions, et la vôtre par si peu de chose ?

La raison en est bien simple. C'est que vous vous êtes appliqués à produire vous-mêmes, tandis que M. Rothschild s'est appliqué à recueillir le fruit du travail des autres. Tout est là.

« Mais, comment se fait-il, me dira-t-on, qu'il se soit trouvé des millions d'hommes laissant les Rothschild accaparer le fruit de leurs travaux ? » — La réponse est simple : ils ne pouvaient pas faire autrement, puisqu'ils sont misérables !

En effet, imaginez une cité dont tous les habitants — à condition de produire des choses utiles pour tout le monde — trouvent le gîte, le vêtement, la nourriture et le travail assuré ; et supposez que dans cette cité débarque un Rothschild, porteur d'un baril d'or.

S'il dépense son or, le baril s'allègera rapidement. S'il l'enferme sous clef, il ne débordera pas, parce que l'or ne pousse pas comme les haricots, et, au bout d'une année, notre Rothschild ne retrouvera pas, dans son tiroir, 110 louis s'il n'y en a mis que cent. Et s'il monte une usine et propose aux habitants de la cité de travailler dans cette fabrique pour cinq francs par jour tandis qu'ils en produiront pour dix, on lui répondra : « Monsieur, chez nous vous ne trouverez personne qui veuille travailler à ces conditions ! Allez ailleurs, cherchez une cité de misérables qui n'aient ni travail assuré, ni vêtement, ni pain, qui consentent à vous abandonner la part du lion dans les produits de leur travail, pourvu que vous leur donniez de quoi acheter du pain. Allez là où il y a des meurt-de-faim ! Là vous ferez fortune ! »

L'origine de la fortune des riches, c'est votre misère ! Point de misérables d'abord ! Alors, il n'y aura point de millionnaires !

Or, c'est ce que la Révolution du siècle passé ne sut ou ne

Pierre Kropotkine

put réaliser. Elle mit en présence des ex-serfs, des meurt-la-faim et des va-nu-pieds d'une part, et d'autre part, ceux qui étaient déjà en possession de fortunes. Elle leur dit : Luttez ! Et les misérables succombèrent. Ils ne possédaient point de fortune ; mais ils possédaient quelque chose de plus précieux que tout l'or du monde — leurs bras — cette source de toutes les richesses — furent asservis par les riches.

Et nous avons vu surgir ces immenses fortunes qui sont le trait caractéristique de notre siècle. Un roi du siècle passé, « le grand Louis XIV » des historiens salariés, a-t-il jamais osé rêver la fortune des roi du XIXe siècle, les Vanderbilt et les Mackay ?

Et d'autre part, nous avons vu le misérable réduit de plus en plus à travailler pour autrui ; le producteur pour son propre compte disparaissant de plus en plus ; chaque jour davantage nous sommes condamnés à travailler pour enrichir les riches.

On a cherché à obvier à ces désastres. On a dit : Donnons à tous une instruction égale. Et on a répandu l'instruction. On a fait de meilleures machines humaines, mais ces machines instruites travaillent toujours pour enrichir les riches. Tel savant illustre, tel romancier de talent, est encore la bête de somme du capitaliste. Le bétail à exploiter s'améliore par l'instruction, mais l'exploitation reste.

On est venu parler ensuite d'association. Mais on s'est vite aperçu qu'en associant leurs misères, les travailleurs n'auraient pas raison du capital. Et ceux-là mêmes qui nourrissait le plus d'illusions à ce sujet ont dû en venir au socialisme.

Timide à ses débuts, le socialisme parla d'abord au nom du sentiment, de la morale chrétienne. Il y eut des hommes profondément imbus des côtés moraux du christianisme — fonds de morale humaine conservée par les religions, — qui vinrent dire : « Le chrétien n'a pas le droit d'exploiter ses frères ! » Mais on leur rit au nez, en leur répondant : « Enseignez au peuple la résignation du christianisme, dites au nom du Christ que le peuple doit présenter la joue gauche à celui qui l'a frappé sur la joue droite, — vous serez les bienvenus ! Quant aux rêves égalitaires que vous retrouvez dans le christianisme, allez méditer vos trouvailles dans les prisons ! »

Plus tard, le socialisme parla au nom de la métaphysique gouvernementale. « Puisque l'État, disait-il, a surtout pour mission de protéger les faibles contre les forts, il est de son devoir de subventionner les associations ouvrières. L'État seul peut permettre aux associations de travailleurs de lutter contre le capital et d'opposer à l'exploitation capitaliste le chantier libre des travailleurs encaissant le produit intégral de leur travail. » — À ceux-là la bourgeoisie répondit par la mitraillade de juin 48.

Et ce n'est que vingt à trente ans après, lorsque les masses populaires furent conviées à entrer dans l'Association Internationale des Travailleurs, que le socialisme parla au nom du peuple ; c'est alors seulement que, s'élaborant peu à peu dans les Congrès de la grande Association et, plus tard chez ses continuateurs, il en arriva à cette conclusion :

« Toutes les richesses accumulées sont des produits du travail de tous — de toute la génération actuelle et de toutes les générations précédentes. Cette maison dans laquelle nous sommes réunis en ce moment, n'a de valeur que parce qu'elle est dans Paris, — cette ville superbe où les labeurs de vingt générations sont venus se superposer. Transportée dans les neiges de la Sibérie, la valeur de cette maison serait presque nulle. Cette machine que vous avez inventée et brevetée, porte en soi l'intelligence de cinq ou six générations ; elle n'a de valeur que comme partie de cet immense tout que nous appelons l'industrie du dix-neuvième siècle. Transportez votre machine à faire les dentelles au milieu des Papouas de la Nouvelle-Guinée, et là, sa valeur sera nulle. Ce livre, enfin, cette œuvre de génie que vous avez faite, nous vous défions, génie de notre siècle, de nous dire quelle est la part de *votre* intelligence dans vos superbes déductions ! Les faits ? Toute une génération a travaillé à les accumuler. Les idées ? c'est peut-être la locomotive sillonnant les champs qui vous les a suggéré. La beauté de la forme ? c'est en admirant la

Vénus de Milo ou l'œuvre de Murillo que vous l'avez trouvée. Et si votre livre exerce quelque influence sur nous, c'est grâce à l'ensemble de notre civilisation.

Tout est à tous ! Et nous défions qui que ce soit de nous dire quelle est la part qui revient à chacun dans les richesses. Voici un immense outillage que le dix-neuvième siècle a créé ; voici des millions d'esclaves en fer que nous appelons machines et qui rabotent et scient, tissent et filent pour nous, qui décomposent et recomposent la matière première, et font les merveilles de notre époque. Personne n'a le droit de s'accaparer aucune de ces machines et de dire aux autres : « Ceci est à moi ; si vous voulez vous servir de cette machine pour produire, vous me paierez un tribut sur chaque chose que vous produirez, » — pas plus que le seigneur du moyen-âge n'avait le droit de dire au cultivateur : « Cette colline, ce pré sont à moi et vous me paierez un tribut sur chaque gerbe de blé que vous récolterez, sur chaque meule de foin que vous entasserez. »

« Tout est à tous ! Et pourvu que l'homme et la femme apportent leur quote-part de travail pour produire les objets nécessaires, ils ont droit à leur quote-part de tout ce qui sera produit par tout le monde ! »

Partie II

« Tout est à tous. Et pourvu que l'homme et la femme apportent leur quote-part de travail pour produire les objets nécessaires, ils ont droit à leur quote-part de tout ce qui sera produit par tout le monde ! »

Mais, c'est le Communisme ? — direz-vous. Oui, c'est le Communisme ; mais le Communisme qui parle, non plus au nom de la religion, non plus au nom de l'État, mais au nom du peuple.

Depuis cinquante ans, un formidable réveil s'est produit dans la classe ouvrière. Le préjugé de la propriété privée s'en va. De plus en plus le travailleur s'habitue à considérer l'usine, le chemin de fer, la mine, non pas comme un château féodal appartenant à un seigneur, mais comme une institution d'utilité publique, que tout le monde a le droit de contrôler.

L'idée de possession commune n'a pas été élaborée, de déduction en déduction, par un penseur de cabinet. C'est la pensée qui germe dans les cerveaux de la masse ouvrière. Et lorsque la révolution que nous réserve la fin de ce siècle aura jeté le désarroi dans le camps des exploiteurs, — vous verrez que la grande masse populaire demandera l'Expropriation et proclamera son droit à l'usine, à la manufacture, à la locomotive et au bateau à vapeur.

Autant le sentiment de l'inviolabilité de l'intérieur du *chez soi*, s'est développé pendant la deuxième moitié de notre siècle, autant le sentiment du *droit collectif* à tout ce qui sert à la production des richesses s'est développé dans les masses. C'est un fait ; et quiconque voudra vivre, comme nous, de la vie populaire et suivre son développement, conviendra que cette affirmation n'est qu'un résumé fidèle des aspirations populaires.

Oui, la tendance de la fin du XIXe siècle est au Communisme ; non pas le Communisme du couvent ou de la caserne prêché jadis, mais au Communisme libre, qui met à la disposition de tous les produits récoltés ou fabriqués en commun, laissant à chacun la liberté de les consommer comme il lui plaira, dans son chez soi.

C'est la solution la plus accessible aux masses populaires, la solution que le peuple réclame aux heures solennelles. En 1848, la formule : « De chacun selon ses facultés, à chacun selon ses besoins » est celle qui va le plus droit au cœur des masses. Si elles acclament le République, le suffrage universel, c'est parce qu'elles espèrent trouver le Communisme au bout de l'étape. Et en 1871, dans Paris assiégé, lorsque le peuple veut faire un effort suprême pour résister à l'envahisseur, que réclame-t-il ? — Le rationnement !

La mise au tas de toutes les denrées et la distribution selon les besoins de chacun. La prise au tas de ce qui est en abondance, le rationnement des objets qui peuvent manquer, c'est la solution populaire. Elle se pratique chaque jour dans les campagnes. Tant que les prés suffisent, — quelle est la Commune qui songe à en limiter l'usage ? Lorsque le petit bois et les châtaignes abondent, — quelle Commune refuse aux communiers d'en prendre ce qu'ils veulent ? Et lorsque le gros bois commence à manquer, qu'est-ce que le paysan introduit ? C'est le rationnement !

Prise au tas pour toutes les denrées qui abondent. Rationnement pour tous les objets dont la production est restreinte, et rationnement selon les besoins, donnant la préférence aux enfants et aux vieillards, aux faibles en un mot.

Et le tout, — consommé non pas dans la marmite sociale, mais *chez soi, selon les goûts individuels*, en compagnie de sa famille et de ses amis. voilà l'idéal des masses dont nous nous sommes fait les porte-voix.

Mais il ne suffit pas de dire « Communisme, Expropriation ! » Encore faut-il savoir à qui incomberait la gérance du patrimoine commun, et c'est sur cette question que les écoles socialistes se trouvent surtout divisées, les uns voulant le Communisme autoritaire, et nous autres nous prononçant franchement pour le Communisme anarchiste.

Pour juger les deux, revenons encore une fois à notre point de départ, — la Révolution du siècle passé.

En renversant la royauté, la Révolution proclama la souveraineté du peuple. Mais par une inconséquence, toute naturelle à cette époque, elle proclama, non pas la souveraineté en permanence, mais la souveraineté intermittente, s'exerçant à intervalles seulement, pour la nomination de députés qui sont censés représenter le peuple. Au fond, elle copia ses institutions sur le gouvernement représentatif de l'Angleterre.

On noya la Révolution dans le sang, et néanmoins, le gouvernement représentatif devint le mot d'ordre en Europe. Toute l'Europe, sauf la Russie, l'a essayé, sous toutes les formes possibles, depuis le gouvernement censitaire jusqu'au gouvernement direct des petites républiques de l'Helvétie.

Mais, chose étrange, à mesure que nous approchions du gouvernement représentatif idéal, nommé par le suffrage universel complètement libre, nous en découvrions les vices essentiels. Nous constations que ce mode de gouvernement pèche par la base.

N'est-il pas absurde, en effet, de prendre au sein de la population un certain nombre d'hommes et de leur confier le soin de *toutes* les affaires publiques, en leur disant : « Occupez-vous en, nous nous déchargeons sur vous de la besogne. À vous de faire les lois sur tous les sujets : Armements et chiens enragés ; observatoires et tuyaux de cheminées ; instruction et balayage des rues. Entendez-vous comme vous le voudrez et légiférez, puisque vous êtes les élus que le peuple a trouvé bons à tout faire. »

Je ne sais pas, citoyens, mais il me semble que si on venait offrir à un homme sérieux un pareil poste, il devrait tenir à peu près ce langage : « Citoyens, vous me confiez une besogne qu'il m'est impossible d'accomplir. Je ne connais pas la plupart des questions sur lesquelles je serai appelé à légiférer. Ou bien j'agirai à l'aveuglette et vous n'y gagnerez rien, ou bien je m'adresserai à vous et provoquerai des réunions, dans lesquelles vous-mêmes chercherez à vous mettre d'accord sur la question, et alors mon rôle deviendra inutile. Si vous vous êtes fait une opinion et si vous l'avez formulée ; si vous tenez à vous entendre avec d'autres citoyens qui, eux aussi, se sont fait une opinion sur ce sujet, alors vous pourrez tout simplement entrer en échange d'idées avec vos voisins, et envoyer un délégué qui pourra se mettre d'accord, avec d'autres délégués sur cette question spéciale ; mais vous réserverez certainement votre décision définitive. Vous ne lui confierez pas le soin de vous faire des lois. C'est ainsi qu'agissent déjà les savants, les industriels, chaque fois qu'ils ont à s'entendre sur des questions d'ordre général. »

Mais ceci serait la négation du régime représentatif, du gouvernement et de l'État. Et cependant c'est l'idée qui germa partout, depuis que les vices du gouvernement représentatif, mis à nu, sont devenus si criants.

Notre siècle est allé encore plus loin. Il a mis en discussion les droits des États et de la société par rapport à l'individu. On s'est demandé jusqu'à quel point l'ingérence de l'État est nécessaire dans les mille et mille fonctions d'une société.

Avons-nous besoin, en effet, d'un gouvernement pour instruire nos enfants ? que le travailleur ait seulement le loisir de s'instruire, — et vous verrez comme partout surgiront, de par la libre initiative des parents, des personnes aimant la pédagogie, des milliers de sociétés d'instruction, d'écoles de tout genre, rivalisant entre elles pour la supériorité de l'enseignement. Si nous n'étions pas écrasés d'impôts et exploités par nos patrons comme nous le sommes, ne saurions-nous pas le faire infiniment mieux nous-mêmes ? Les grands centres prendraient l'initiative du progrès et prêcheraient d'exemple ; et le progrès réalisé — personne de vous n'en doute — serait incomparablement supérieur à ce que nous parvenons à obtenir de nos ministères.

L'État est-il nécessaire même pour défendre un territoire ? Si des brigands armés viennent attaquer un peuple libre, ce peuple armé, bien outillé, n'est-il pas le rempart le plus sûr à opposer aux agresseurs étrangers ? Les armées permanentes sont toujours battues par les envahisseurs, et — l'histoire est là pour le dire — si on parvient à les repousser, ce n'est jamais que par un soulèvement populaire.

Excellente machine pour protéger le monopole, le gouvernement a-t-il su nous protéger contre les quelques individus qui parmi nous seraient enclins à mal faire ? En créant la misère, n'augmente-t-il pas le nombre de crimes, au lieu de les diminuer ? En créant les prisons, où des populations entières d'hommes et d'enfants viennent s'engouffrer pour en sortir infiniment pires que le jour où ils y sont entrés, l'État n'entretient-il pas, aux frais des contribuables, des pépinières de vices ?

En nous obligeant à nous décharger sur d'autres du soin de nos affaires, ne crée-t-il pas le vice le plus terrible des sociétés, — l'indifférence en matière publique ?

Et d'autre part, si nous analysons tous les grands progrès de notre siècle, — notre trafic international, nos découvertes industrielles, nos voies de communication, — est-ce que à l'État ou à l'initiative privée que nous les devons ?

Voici le réseau de chemins de fer qui couvre l'Europe. À Madrid, par exemple, vous prenez un billet direct pour Pétersbourg. Vous roulez sur des routes qui ont été construites par des millions de travailleurs mis en mouvement par des vingtaines de compagnies ; des locomotives espagnoles, françaises, bavaroises, russes, viendront s'atteler à votre wagon. Vous roulez sans perdre nulle part vingt minutes, et les deux cents francs que vous avez payés à Madrid se répartiront équitablement, à un sou près, entre les compagnies qui ont contribué à votre voyage.

Eh bien, cette ligne de Madrid à Petersbourg s'est construite par petits tronçons isolés qui ont été reliés peu à peu. Les trains directs sont le résultat d'une entente entre vingt compagnies différentes. Je sais qu'il y a eu des froissements au début, que des compagnies, poussées par un égoïsme mal compris, ne voulaient pas s'entendre avec les autres. Mais je vous demande : Qu'est-ce qui valait mieux ? Subir ces quelques froissements, ou bien attendre qu'un Bismarck, un Napoléon ou un Tchinghiz Khan eût conquis l'Europe, tracé les lignes au compas et ordonné la marche des trains ? Nous en serions encore aux voyages en diligence.

Le réseau de vos chemins de fer est l'œuvre de l'esprit humain procédant du simple au composé, par les efforts spontanés des intéressés ! et c'est ainsi que se sont faites toutes les grandes entreprises de notre siècle. Nous payons, il est vrai, trop cher les gérants de ces entreprises. Raison excellente pour supprimer leurs rentes ; mais non pour confier la gérance des chemins de fer de l'Europe à un gouvernement européen.

Quels milliers d'exemples ne pourrait-on pas citer à l'appui de cette même idée ! Prenez toutes les grandes entreprises : le canal de Suez, la navigation transatlantique, le télégraphe qui relie les deux Amériques. Prenez enfin cette organisation du commerce qui fait qu'en vous levant vous êtes sûrs de trouver le pain chez le boulanger — si vous avez de quoi le payer, ce qui n'arrive pas toujours aujourd'hui, — la viande chez le boucher et tout ce qu'il vous faut dans les magasins. Est-ce l'œuvre de l'État ? Certainement, aujourd'hui nous payons abominablement cher les intermédiaires. Eh bien, raison de plus pour les supprimer ; mais non pas de croire qu'il faille confier au gouvernement le soin de pourvoir à notre nourriture et à notre vêtement.

Mais, que dis-je ! Si nous suivons de près le développement de l'esprit humain à notre époque, ne sommes-nous pas frappés surtout pour satisfaire la variété infinie des besoins d'un homme de notre siècle : sociétés pour l'étude, pour le commerce, pour l'agrément et le délassement ; par la multiplicité des sociétés qui se fondent : les unes toutes petites, pour propager la langue universelle ou telle méthode de sténographie, les autres, grandioses, comme celle qui vient de se créer pour la défense des côtes d'Angleterre, pour éviter les tribunaux, et ainsi de suite. Si on voulait cataloguer les millions de sociétés qui existent en Europe, on ferait des volumes, et on verrait qu'il n'y a pas une seule branche de l'activité humaine qu'elles ne visent. L'État lui-même y fait appel dans son attribution la plus importante — la guerre. Il a dit : « Nous nous chargeons de massacrer, mais nous sommes incapables de songer à nos victimes ; faites une société de la Croix-Rouge pour les ramasser sur les champs de bataille et les soigner ! »

Eh bien, citoyennes et citoyens, que d'autres préconisent la caserne industrielle et le couvent du Communisme autoritaire, nous déclarons que la *tendance* des sociétés est dans une direction opposée. Nous voyons des millions et des millions de groupes se constituant librement pour satisfaire à tous les besoins variés des êtres humains, — groupes formés, les uns, par quartier, par rue, par maison ; les autres se donnant la main à travers les murailles des cités, les frontières, les océans. Tous composés d'êtres humains qui se recherchent librement et après s'être acquittés de leur travail de producteur, s'associent, soit pour consommer, soit pour produire les objets de luxe, soit pour faire marcher la science dans une direction nouvelle.

C'est là tendance du xixe siècle, et nous la suivons ; nous ne demandons qu'à la développer librement, sans entraves de la part des gouvernements.

Liberté à l'individu ! « Prenez des cailloux, disait Fourier, mettez-les dans une boîte et secouez-les ; ils s'arrangeront d'eux-mêmes en une mosaïque que jamais vous ne parviendriez à faire si vous confiiez à quelqu'un le soin de les disposer harmoniquement. »

Pierre Kropotkine

Partie III

Maintenant, citoyennes et citoyens, laissez-moi passer à la troisième partie de mon sujet, — la plus importante au point de vue de l'avenir.

Il n'y a pas à en douter : les religions s'en vont. Le XIXᵉ siècle leur a porté un coup de grâce. Mais les religions, toutes les religions, ont une double composition. Elles contiennent d'abord une cosmogonie primitive, une explication grossière de la nature ; et elles contiennent ensuite un exposé de la morale populaire, née et développée au sein de la masse du peuple.

En jetant par dessus bord les religions, en reléguant dans les archives à titre de curiosité historique, leurs cosmogonies, allons-nous aussi reléguer dans les musées les principes de morale qu'elle contiennent ?

On l'a fait, et nous avons vu toute une génération déclarer que, ne croyant plus aux religions, elle se moquait aussi de la morale et proclamait hautement le « Chacun pour soi » de l'égoïsme bourgeois.

Mais, une société, humaine ou animale, ne peut pas exister sans qu'il s'élabore dans son sein certaines règles et certaines habitudes de morale. La religion peut passer, la morale reste.

Si nous arrivions à considérer que chacun fait bien de mentir, de tromper ses voisins, de les dépouiller s'il le peut (c'est la morale de la bourgeoisie dans ses rapports économiques), nous arriverions à ne plus pouvoir vivre ensemble. Vous m'assurez de votre amitié, — mais ce n'est peut-être que pour mieux me voler. Vous me promettez de faire telle chose, — et c'est encore pour me tromper. Vous vous promettez de transmettre une lettre, et vous me la volez, comme un simple directeur de prison !

Dans ces conditions, la société devient impossible, et tout le monde le sent si bien que la négation des religions n'empêche nullement la morale publique de se maintenir, de se développer, de se poser un but de plus en plus élevé.

Ce fait est si frappant que les philosophes cherchent à l'expliquer par les principes d'utilitarisme ; et récemment Spencer cherchait à baser cette moralité qui existe parmi nous sur les causes physiologiques et les besoins de conservation de la race.

Quant à nous, pour mieux dire ce que nous en pensons, permettez-moi de l'expliquer par un exemple :

Voilà un enfant qui se noie, et quatre hommes sur le rivage qui le voient se débattre dans les flots. L'un d'eux ne bouge pas — c'est un partisan de « Chacun pour soi » de la bourgeoisie commerçante, c'est une brute, — n'en parlons pas !

Un autre fait cette réflexion : « Si je sauve l'enfant, un bon rapport en sera fait à qui de droit dans les cieux, et le Créateur me récompensera en doublant mes troupeaux et mes serfs. » — Et il se jette à l'eau. — Est-ce un homme moral ? Évidemment non ! C'est un bon calculateur, voilà tout.

Un troisième — l'utilitaire, — réfléchit ainsi (ou du moins les philosophes utilitaires le font ainsi raisonner) : « Les jouissances peuvent être classées en deux catégories : les jouissances inférieures et les jouissances supérieures. Sauver quelqu'un, c'est une jouissance supérieure, infiniment plus intense et durable que toutes les autres ; — donc, sauvons l'enfant ! » En admettant que jamais homme ait raisonné ainsi, cet homme ne serait-il pas un terrible égoïste ? et puis, serions-nous jamais sûrs qu'à un moment donné son cerveau de sophiste ne fasse pencher sa volonté du côté des jouissances inférieures, c'est-à-dire du laisser-faire ?

Et voici enfin le quatrième. Dès son enfance, il a été élevé à se sentir *un* avec tout le reste de l'humanité. Dès l'enfance, il a toujours pensé que les hommes sont solidaires. Il s'est habitué à souffrir quand d'autres souffrent à côté de lui et à se sentir heureux quand tout le monde est heureux ! Dès qu'il a entendu le cri déchirant de la mère, il a sauté à l'eau sans réfléchir, par instinct, pour sauver l'enfant. Et lorsque la mère le remercie, il lui répond : « Mais de quoi donc, chère dame ! je suis si heureux de vous voir heureuse. J'ai agi tout naturellement, je ne pouvais faire autrement ! »

Vos regards me le disent, citoyennes, — voilà l'homme vraiment moral, et les autres ne sont que des égoïstes à côté de lui.

Eh bien, citoyens, toute la morale anarchiste est là. C'est la morale du peuple qui ne cherche pas midi à quatorze heures. Morale sans obligation ni sanction, morale par habitude. Créons les circonstances dans lesquelles l'homme ne soit pas porté à mentir, à tromper, à exploiter les autres ; et le niveau moral de l'humanité, de par la force même des choses, s'élèvera à une hauteur inconnue jusqu'à présent.

Ah, certes, ce n'est pas en enseignant un catéchisme de morale qu'on moralise les hommes. Ce ne sont pas les tribunaux et les prisons qui diminuent le vice ; ils le déversent à flots dans la société. Mais c'est en les mettant dans une situation qui contribue à développer les habitudes sociales et à atténuer celles qui ne le sont pas.

Voilà l'unique moyen de moraliser les hommes.

Morale passée à l'état de spontanéité, — voilà la vraie morale, la seule qui reste toujours, pendant que les religions et les systèmes philosophiques passent.

Maintenant, citoyennes et citoyens, combinez ces trois éléments, et vous aurez l'Anarchie et sa place dans l'évolution socialiste :

Affranchissement du producteur du joug du capital. Production en commun et consommation libre de tous les produits du travail en commun.

Affranchissement du joug gouvernemental. Libre développement des individus dans les groupes et des groupes dans les fédérations. Organisation libre du simple au composé, selon les besoins et les tendances mutuelles.

Affranchissement de la morale religieuse. Morale libre, sans obligation ni sanction, se développant de la vie même des sociétés et passée à l'état d'habitude.

Ce n'est pas un rêve de penseurs de cabinet. C'est une déduction qui résulte de l'analyse *des tendances* des sociétés modernes. Le Communisme anarchiste, c'est la synthèse des deux tendances fondamentales de nos sociétés : tendance vers l'égalité économique, tendance vers la liberté politique.

Tant que le Communisme se présentait sous sa forme autoritaire, qui implique nécessairement un gouvernement armé d'un pouvoir autrement grand que celui qu'il possède aujourd'hui, puisqu'il implique le pouvoir économique en plus du pouvoir politique, — le Communisme ne trouvait pas d'écho. Il a pu passionner un moment le travailleur d'avant 1848 prêt à subir n'importe quel gouvernement tout-puissant pourvu qu'il le fît sortir de la situation terrible qui lui était faite. Mais il laissait froids les vrais amis de la liberté. Aujourd'hui, l'éducation en matière politique a fait un si grand progrès que le gouvernement représentatif, qu'il soit limité à la Commune ou étendu à toute la nation, ne passionne plus les ouvriers des villes.

Le Communisme anarchiste maintient cette conquête, la plus précieuse de toutes — la liberté de l'individu. Il l'étend davantage et lui donne une base solide, — la liberté économique, sans laquelle la liberté politique reste illusoire.

Il ne demande pas à l'individu, après avoir immolé le dieu-maître de l'univers, le dieu-César et le dieu-Parlement, de s'en donner un plus terrible que les précédents, — le dieu-Communauté, d'abdiquer sur son autel son indépendance, sa volonté, ses goûts et de faire le vœu d'ascétisme qu'il faisait jadis devant le dieu crucifié.

Il lui dit, au contraire : « Point de société libre, tant que l'individu ne l'est pas ! Ne cherche pas à modifier la société en lui imposant une autorité qui nivellerait tout. Tu échoueras dans cette entreprise comme le Pape et César. — Mais modifie la société en sorte que tes semblables ne soient pas forcément tes ennemis. Abolis les conditions qui permettent à quelques-uns de s'accaparer le fruit du labeur des autres. Et, au lieu de chercher à bâtir la société de haut en bas, du centre à la périphérie, laisse-la se développer librement du simple au composé, par la libre union des groupes libres.

« Cette marche, gênée aujourd'hui, c'est la vraie marche de la société. Ne cherche pas à l'entraver, ne tourne pas le dos au progrès, marche avec lui ! — Alors le sentiment de sociabilité commun aux êtres humains, comme il l'est à tous les animaux vivant en société, pouvant se développer librement lorsque nos semblables cesseront d'être nos ennemis, — nous arriverons à un état de choses où chacun pourra donner libre essor à ses penchants, voire même à ses passions, sans autre contrainte que l'amour et le respect de ceux qui l'entourent. »

Voilà notre idéal. C'est l'idéal caché dans les cœurs des peuples, de tous les peuples.

Nous savons que nous n'arriverons pas à cet idéal sans de fortes secousses.

La fin de ce siècle nous prépare une formidable révolution. Qu'elle parte de la France, de l'Allemagne, de l'Espagne ou de la Russie, elle sera européenne. Elle se répandra avec cette même rapidité que celle de nos aînés, les héros de 1848 ; elle embrasera l'Europe.

Elle ne se fera pas au nom d'un simple changement de gouvernement. Elle aura un caractère social. Il y aura des commencements d'expropriation, des exploiteurs seront chassés. Que vous le vouliez ou non, — cela se fera, indépendamment de la volonté des individus, et, si l'on touche à la propriété privée on sera forcé d'en arriver au Communisme ; il s'imposera. Mais le Communisme ne peut être ni autoritaire, ni parlementaire. Il sera anarchiste, ou il ne sera pas. La masse populaire ne veut plus se fier à aucun sauveur : elle cherchera à s'organiser elle-même.

Ce n'est pas parce que nous imaginons les hommes meilleurs qu'ils ne sont, que nous parlons Communisme et Anarchie. S'il y avait des anges parmi nous, nous pourrions leur confier le soin de nous organiser. Et encore les cornes leur pousseraient bien vite ! Mais c'est précisément parce que nous prenons les hommes tels qu'ils sont, que nous concluons : « Ne leur confiez pas le soin de vous gouverner. Tel ministre abject serait peut-être un excellent homme si on ne lui avait pas donné le pouvoir. L'unique moyen d'arriver à l'harmonie des intérêts, c'est la société sans exploiteurs, sans gouvernants. » Précisément parce qu'il n'y a pas d'anges parmi les hommes, nous disons : Faites en sorte que chaque homme voit son intérêt dans le intérêts des autres, alors vous n'aurez plus à craindre ses mauvaises passions.

Le Communisme anarchiste étant le résultat inévitable des *tendances*actuelles, c'est vers cet idéal que nous devons marcher, au lieu de dire : « Oui, l'Anarchie est un excellent idéal », et ensuite de lui tourner le dos.

Et si la prochaine révolution ne parvenait pas à réaliser cet idéal entier, — tout ce qui sera fait dans la direction de l'idéal restera ; tout ce qui sera fait en sens contraire sera condamné à disparaître un jour ou l'autre.

Règle générale. — Une révolution populaire peut être vaincue, mais c'est elle qui donne le mot d'ordre du siècle d'évolution qui lui succède. La France expire sous le talon des alliés en 1815, et c'est la France qui impose à l'Europe l'abolition du servage, le régime représentatif. Le suffrage universel est noyé dans le sang, et c'est le suffrage universel qui devient le mot d'ordre du siècle.

La commune expire en 1871 dans les mitraillades, et c'est la Commune libre qui est aujourd'hui le mot d'ordre en France.

Et si le Communisme anarchiste est vaincu dans la prochaine révolution, après s'être affirmé au grand jour, non-seulement il en restera l'abolition de la propriété privée ; non-seulement le travailleur aura conquis sa vraie place dansla société, non-seulement l'aristocratie foncière et industrielle aura reçu un coup mortel ; mais ce sera le Communisme anarchiste qui deviendra le point de mire de l'évolution du vingtième siècle.

Il résume ce que l'humanité a élaboré de plus beau, de plus durable : le sentiment de la justice, celui de la liberté,

Pierre Kropotkine

la solidarité devenue un besoin pour l'homme. Il garantit la liberté d'évolution de l'individu et de la société. Il triomphera.

ISBN : 978-1522742586

www.ingramcontent.com/pod-product-compliance
Lightning Source LLC
Chambersburg PA
CBHW062033280526
45787CB00005B/2309